Entdecke dein inneres Kind
-ein psychologisches Ausfüllbuch-
Doreen Schmidt

AF235401

Impressum

Alle Rechte vorbehalten.

Copyright 2021 Doreen Schmidt.

Dosdorf 12

99310 Arnstadt

Mail: doreenschmidt439@gmail.com

Herstellung und Verlag: BoD – Books on Demand, Norderstedt

ISBN: 978-3-7534-9619-1

Über mich

Ich habe Psychologie und Philosophie studiert und bin selbst seit Jahren mit zahlreichen Diagnosen erkrankt. Im Laufe der Zeit habe ich viele Erfahrungen gesammelt, durch Therapien, Lesen von Fachliteratur und Gesprächen mit Betroffenen. Seit 2018 veröffentliche ich erfolgreich Selbsthilfebücher bei Amazon und möchte Menschen, wie mir, mit meinen Büchern helfen und ihnen neue Lichtblicke schenken.

Weitere Veröffentlichungen bei Amazon:

„Das Tagebuch für meine Seele"

„Das Tagebuch gegen Depressionen"

„Stimmungstagebuch für Borderliner"

„Timeout statt Burnout"

„Mein Tagesplan–eine spezielle Hilfe gegen Antriebsprobleme"

„Entdecke die Ursachen deiner Depression–ein psychologisches Ausfüllbuch"

„Stimmungstagebuch für Bipolare"

„Selbsthilfe PTBS–ein Tagebuch als Arbeitsbuch"

„Mein Therapietagebuch"

„Mein Traumtagebuch"

„Selbstliebe–Lerne dich zu lieben"

„Selbsthilfe gegen Stress"

Dieses Buch gehört

_____

Zunächst ein paar kurze Worte zum Verständnis...

Der Begriff des „inneren Kindes" wird in der heutigen populärwissenschaftlichen Literatur immer häufiger verwendet, es gibt darüber mittlerweile immer mehr Selbsthilfebücher und Ratgeber. Dabei gibt es viele Arten sich mit seinem inneren Kind auseinanderzusetzen. Eine Möglichkeit, mit der sich dieses psychologische Ausfüllbuch befasst, ist die Aufgabe sein inneres Kind zu pflegen. Wenn man sein inneres Kind pflegt, wird man feststellen, das man ein Stück mehr über sich selbst lernt und auch lernt, wie es einem besser gehen kann und was der eigenen Person gut tut. Doch wie pflegt man sein inneres Kind und was beinhaltet diese Pflege?

Für mich umfasst der Vorgang der Pflege des „inneren Kindes" vor allen Dingen die Tatsache, sich selbst das zu erfüllen, was man sich als Kind immer gewünscht hat und das zu wiederholen, was einem als Kind gut getan hat und die eigene Psyche stabilisierte und festigte.

Dieses Buch soll all jenen helfen, die sich selbst verloren und wiederfinden möchten, all jenen, die mit einer psychischen Krankheit kämpfen und allen anderen, die dazu bereit sind, sich auf eine Reise in ihr eigenes Inneres zu begeben.

Der Beginn deiner Reise....

Damit du dich als Vorbereitung auf den Hauptteil in deine Kindheit einfühlen kannst, kommen zunächst ganz allgemeine Fragen zu dir und deiner Kindheit.

Wann und wo wurdest du geboren und wie alt bist du jetzt?

_____

_____

_____

Hast du Geschwister? Wenn ja, in welchem Alter?

_____

_____

_____

Deine Eltern

Haben Deine Eltern dich zusammen großgezogen oder waren sie getrennt lebend?

_____

_____

_____

Welche Berufsausbildung haben deine Eltern und als was haben sie in deiner Kindheit gearbeitet?

_____

_____

_____

_____

In welchen finanziellen Verhältnissen bist du als Kind aufgewachsen?

_____

_____

_____

_____

_____

Haben deine Eltern dich eher verwöhnt oder musstest du viel um Ihre
Aufmerksamkeit kämpfen?

_____

_____

_____

_____

_____

_____

_____

_____

Welches Verhältnis hattest du als Kind zu deiner Mutter? Hast du
dich gut mit ihr verstanden?

Welches Verhältnis hattest du zu deinem Vater?

Was ist deine erste Erinnerung?

_____
_____
_____

Welche Hobbys hattest du als Kind?

_____
_____
_____
_____
_____
_____
_____

Warst du gut in der Schule?

_____
_____
_____
_____

Hattest du als Kind Freunde in deiner Klasse?

_____
_____
_____
_____

Welche Freunde hattest du außerhalb deiner Schule?

Was waren deine Lieblingsfächer?

Welches Schulfach hatte dir als Kind gar nicht gelegen?

Wie würdest du dich aus heutiger Sicht als Kind beschreiben?

Welche Probleme hattest du mit deinen Eltern als Kind?

Welche Wünsche hattest du als Kind, die sich erfüllt haben?

_____
_____
_____
_____
_____
_____
_____
_____
_____
_____
_____
_____

Welche Wünsche hattest du als Kind, die sich nicht erfüllt haben?

_____
_____
_____
_____
_____
_____
_____
_____
_____
_____

Hattest du ein Haustier? Oder hattest du dir eines gewünscht und nicht bekommen?

In welcher Umgebung bist du als Kind aufgewachsen? Eher auf dem Dorf oder mitten in einer Großstadt?

Finde heraus, was dir als Kind gut getan hat und wende es auch jetzt an!

Jetzt kommen wir zum Hauptteil. Er basiert auf dem ersten Schritt, dass du zunächst ganz genau herausfinden musst und dich versuchst daran zu erinnern, was dir als Kind gut getan hat. Die Beantwortung der Fragen ist dabei in die Bereiche 3. bis 6. Lebensjahr/6. Bis 12. Lebensjahr und 12. Bis 15. Lebensjahr unterteilt. Nun kommen wir zu dem zweiten Schritt, in diesem überlegst du dir, welche heutige Tätigkeit ein Äquivalent zu deiner Handlung in der Kindheit darstellen könnte. Also zum Beispiel: Als Kind hast du gerne gemalt, später als du älter wurdest, hat dir deine Zeichenlehrerin, die dich nicht leiden konnte, das Malen vergrault. Das Äquivalent der Handlung in deinem heutigen Lebensalter, ist zum Beispiel „das Malen neu zu entdecken", indem du einen Anfängerkurs „Zeichnen" an der Volkshochschule oder in einer Malschule besuchst. Das Prinzip was sich dahinter verbirgt ist einfach. Das was dir als Kind gut getan hat, solltest du in irgendeiner ähnlichen Form wieder neu in dir entdecken und versuchen in dein Leben zu integrieren. Alle positiven Erlebnisse und Routinen aus deiner Kindheit gaben dir früher Stabilität und Halt und beeinflußten deine Entwicklung dauerhaft in eine konstruktive Richtung. Indem du anfängst dich genauer mit den positiven Elementen aus deiner Kindheit zu befassen und diese verloren gegangenen Elemente wieder aufgreifst, kommst du deinem Selbst immer weiter ein Stück näher und findest dabei auch heraus was dir nicht nur früher gut getan hat, sondern was dir auch heute Halt, Sicherheit und Kraft verleihen könnte. Um dir die Arbeit etwas zu erleichtern, habe ich dir am Ende jeder Frage, für deren Beantwortung ein paar Ideen von mir notiert. Dies sind alles Erfahrungen und Tätigkeiten die ich durch dieses Prinzip im Laufe der Jahre neu in mir entdeckt habe. Also:

1. Schritt

Die Frage für alle Lebensphasen beantworten und dabei Nachdenken was mir gut getan hat.

2. Schritt

Sich überlegen, wie du deine Antwort in dein jetziges Leben integrieren könntest, indem du dir Handlungen ausdenkst, die denen aus deiner Kindheit entsprechen.

Gut, dann legen wir los...

Welche Lieblingsfilme hattest du als Kind?

Vom 3. bis 6. Lebensjahr

Vom 6. bis 12. Lebensjahr

Vom 12. bis 15. Lebensjahr

Eine Idee mich heute wieder zu entdecken:

Auch wenn es vielleicht ein Trickfilm aus der Kindheit ist, versuche dir diesen heute nochmals anzusehen und achte dabei auf deine Gefühle und was in dir vorgeht. Beispiel: Grimms Märchen, Disney Zeichentrickfilme, eine Kinderserie...Das Ansehen von Kinderfilmen ruft in uns oft ein Gefühl von Sicherheit und Vertrautheit vor.

Was waren deine Lieblingsbücher? Versuche diese dabei einem Genre zuzuordnen.

Vom 3. bis 6. Lebensjahr

_____

_____

_____

Vom 6. bis 12. Lebensjahr

_____

_____

_____

Vom 12. bis 15. Lebensjahr

_____

_____

_____

Eine Idee mich heute wieder zu entdecken:

Gehe in eine Bibliothek oder in eine Buchhandlung und betrachte deine Lieblingsbücher aus deinen verschiedenen Kindheitsphasen.

Was waren deine liebsten Kuscheltiere?

Vom 3. bis 6. Lebensjahr

Vom 6. bis 12. Lebensjahr

Vom 12. bis 15. Lebensjahr

Eine Idee mich heute wieder zu entdecken:

_____

_____

_____

_____

_____

Wenn Kuscheltiere für dich als Kind eine große Bedeutung hatten, lohnt es sich wahrscheinlich für dich und dein Gemüt, dir auch durch einen Kauf heute ein Neues zu schenken.

Was waren deine liebsten Hörspiele?

Vom 3. bis 6. Lebensjahr

_____

_____

_____

Vom 6. bis 12. Lebensjahr

_____

_____

_____

Vom 12. bis 15. Lebensjahr

Eine Idee mich heute wieder zu entdecken:

Auch hier gilt dasselbe wie bei den Büchern und Filmen. Versuche dir deine Lieblingshörspiele erneut anzuhören, vielleicht sogar als Einschlafhilfe.

Welche Gesellschaftsspiele hast du gerne gespielt?

Vom 3. bis 6. Lebensjahr

Vom 6. bis 12. Lebensjahr

Vom 12. bis 15. Lebensjahr

_____

_____

_____

Eine Idee mich heute wieder zu entdecken:

_____

_____

_____

_____

_____

Wenn du Kinder hast, dann spiele mit ihnen doch einmal Brettspiele aus deiner damaligen Zeit. Nicht nur du, sondern auch sie werden sicher Spass daran haben.

Haben dir deine Eltern als Kind vorgelesen und wenn ja was?

Vom 3. bis 6. Lebensjahr

_____

_____

_____

Vom 6. bis 12. Lebensjahr

Vom 12. bis 15. Lebensjahr

Eine Idee mich heute wieder zu entdecken:

Auch hier kann man versuchen, die Bücher und Geschichten selbst zu lesen. Wie zum Beispiel klassischerweise die Märchen der Gebrüder Grimm. Es kann gut tun, zu versuchen vor dem Einschlafen, nach dem Lesen eines Krimis zum Abschluss noch ein Märchen zu lesen.

Hattest du als Kind vor dem Zubettgehen bestimmte Rituale?

Vom 3. bis 6. Lebensjahr

Vom 6. bis 12. Lebensjahr

Vom 12. bis 15. Lebensjahr

Eine Idee mich heute wieder zu entdecken:

Versuche dich mit der Frage auseinanderzusetzen, ob und wie du deine Kindheitsrituale heute wieder vor dem zu Bett gehen integrieren könntest. Gerade bei Einschlafstörungen eine große Hilfe. Hast du als Kind zum Beispiel einen Kakao getrunken oder ein bestimmte

Geschichte, die dir deine Eltern vorgelesen haben, gemocht, dann versuche dies doch wieder in deine Abendroutine zu integrieren.

Mit welchem Spielzeug hast du als Kind gerne gespielt? Gab es ein bestimmtes Lieblingsspielzeug?

Vom 3. bis 6. Lebensjahr

_____
_____
_____

Vom 6. bis 12. Lebensjahr

_____
_____
_____

Vom 12. bis 15. Lebensjahr

_____
_____
_____

Eine Idee mich heute wieder zu entdecken:

_____
_____
_____

Auch wenn es vielleicht albern klingt und etwas unkonventionell sein mag: gehe in ein Spielwarengeschäft und kaufe dir ein Spielzeug, was du als Kind besonders gern mochtest oder dir gewünscht hattest.

Erfülle dir im Nachhinein deinen Kindheitswunsch.

Hast du als Kind gerne Computer gespielt, wenn ja welche?

Vom 6. bis 12. Lebensjahr

Vom 12. bis 15. Lebensjahr

Eine Idee mich heute wieder zu entdecken:

Auch hier gilt dasselbe wie bei den Gesellschaftsspielen, spiele doch ein Computerspiel aus deiner Kindheit mit deinen Kindern oder kaufe dir die Spiele selbst und probiere sie erneut aus.

Welche Jahreszeit hat dir als Kind am besten gefallen und warum?

Vom 3. bis 6. Lebensjahr

_____

_____

_____

Vom 6. bis 12. Lebensjahr

_____

_____

_____

Vom 12. bis 15. Lebensjahr

_____

_____

_____

Eine Idee mich heute wieder zu entdecken:

_____

_____

_____

Sich einmal genauer damit auseinandergesetzt zu haben, in welcher Jahreszeit man sich am wohlsten fühlt ist wichtig für ein dauerhaftes Wohlbefinden. Solltest du zum Beispiel feststellen, dass du als Kind gerne Schlitten oder Ski gefahren bist und du dabei besonders glücklich warst, würde es sich heute für dich sehr lohnen in den Winterurlaub zu fahren und vielleicht dein Geld in neue Ski zu investieren.

Hast du als Kind gerne Sport getrieben, wenn ja welchen?

Vom 3. bis 6. Lebensjahr

Vom 6. bis 12. Lebensjahr

Vom 12. bis 15. Lebensjahr

Eine Idee mich heute wieder zu entdecken:

_____

_____

_____

_____

_____

Falls du dich im Erwachsenenalter zum „Sportmuffel" entwickelt haben solltest, solltest du dir überlegen welche Art von Sport dir heute am meisten Spaß machen könnte. Dafür empfiehlt es sich eine Liste mit allen möglichen Sportarten anzufertigen, die dir gerade so in den Sinn kommen. Es gibt vielleicht unkonventionelle Sportarten, wie Tauchen oder Synchronschwimmen, die dich heute reizen könnten. Es muss nicht immer der Weg ins Fitnessstudio sein. Ich hatte mir zum Beispiel als Kind immer einen Hund gewünscht. Diesen Wunsch habe ich mir heute erfüllt, unter anderem mit dem Ergebnis, dass ich jeden Tag mit ihm mindestens für eine Stunde in der freien Natur verbringe und mich so mehr bewege als vorher.

Unabhängig von deinen Ritualen vor dem Schlaf: Welche konkreten Einschlafhilfen hattest du als Kind? (Spieluhr bestimmte Lichter, Hörbuch hören, Sandmann schauen)

Vom 3. bis 6. Lebensjahr

_____

_____

_____

Vom 6. bis 12. Lebensjahr

_____

_____

_____

Vom 12. bis 15. Lebensjahr

_____

_____

_____

Eine Idee mich heute wieder zu entdecken:

_____

_____

_____

_____

_____

Wer schwere oder sehr häufig Einschlafstörungen hat, kann sich
überlegen unter welchen Bedingungen man als Kind am besten
einschlafen konnte. Ich habe häufig schwere Einschlafstörungen und
diese Überlegungen haben bei mir dazu geführt, das ich mir ein

Nachtlicht gekauft habe und gelegentlich Bibi Blocksberg zum
Einschlafen höre.

Hast du als Kind gerne gezeichnet oder gemalt und wenn ja, was?

Vom 3. bis 6. Lebensjahr

Vom 6. bis 12. Lebensjahr

Vom 12. bis 15. Lebensjahr

Eine Idee mich heute wieder zu entdecken:

Zeichnen und Malen sind immer gut für die Seele. Vielleicht hilft es dir verschiedene Techniken auszuprobieren, wie Aquarellmalerei, Zeichnen mit Kohle, Wachsmalstiften oder Bleistift, Malen mit Acryl oder Öl oder einfach das Ausmalen eines Malbuches, welche es heute in zahlreichen Formen auf dem Markt gibt. Auch wenn du von dir behauptest, nicht malen zu können: gib dir eine Chance!. Es müssen keine großen Kunstwerke entstehen, denn es geht lediglich darum, dass du dich dabei entspannen wirst, vielleicht Freude daran entwickelst und lernst deine Emotionen durch ein neues Mittel auszudrücken und zu entdecken.

Hast du als Kind gerne gebastelt?

Vom 3. bis 6. Lebensjahr

_____

_____

_____

Vom 6. bis 12. Lebensjahr

_____

_____

_____

Vom 12. bis 15. Lebensjahr

Eine Idee mich heute wieder zu entdecken:

Ob du mit deinen Kindern bastelst oder selbst ein Bastelbuch mit Ideen zum Beispiel für bestimmte Dekorationen zur Hand nimmst. Es gibt viele, die sich im Basteln verlieren können. Ich habe auf die Dauer für mich vieles neu entdeckt, wie Schmuck herstellen, Basteln mit Papier, Basteln mit Fimo, Modellbausätze für Puppenstuben. Ich denke Basteln sollte sich auch nicht nur auf ein Geschlecht beziehen, auch wenn dies in der Gesellschaft als Gedanke stark verankert ist.

Hast du als Kind ein Instrument gespielt?

Vom 3. bis 6. Lebensjahr

Vom 6. bis 12. Lebensjahr

Vom 12. bis 15. Lebensjahr

Eine Idee mich heute wieder zu entdecken:

Solltest du noch kein Instrument gelernt haben und wolltest dies als Kind jedoch, dann versuche dir doch heute den Wunsch zu erfüllen. Ich wollte als Kind immer ein Instrument erlernen, doch meine Eltern hatten das Geld nicht. So habe ich später dann mit 30 gelernt Saxophon zu spielen und mir dabei vieles innerlich erfüllt.

Warst du als Kind unabhängig von der Schule in einem Verein?

Vom 6. bis 12. Lebensjahr

_____

_____

_____

Vom 12. bis 15. Lebensjahr

_____

_____

_____

Eine Idee mich heute wieder zu entdecken:

_____

_____

_____

_____

_____

Ob Sportverein, Kulturverein, Schachverein oder Greenpeace, jeder kann das Seine finden. In einem Verein befindet man sich regelmäßig in einer Gruppe von Menschen, knüpft soziale Kontakte und geht Tätigkeiten nach, die einem Spaß machen. Dies ist alles sehr förderlich für das eigene Wohlbefinden. Entdeckt man vielleicht dabei Vereinstätigkeiten wieder, denen man als Kind nachgegangen ist, kann dies sich doppelt so gut auf deine Psyche auswirken.

Hast du als Kind gerne gesungen? Wenn ja, was?

Vom 3. bis 6. Lebensjahr

_____

_____

_____

Vom 6. bis 12. Lebensjahr

_____

_____

_____

Vom 12. bis 15. Lebensjahr

_____

_____

_____

Eine Idee mich heute wieder zu entdecken:

_____

_____

_____

_____

_____

Singen ist befreiend und Balsam für die Seele. Ob Gospelchor, der örtliche Kirchenchor oder gemischter Chor. Vielleicht entdeckst du das Singen im Erwachsenenalter für dich wieder.

Hast du als Kind gerne Musik gehört? Wenn ja, was?

Vom 3. bis 6. Lebensjahr

_____

_____

_____

Vom 6. bis 12. Lebensjahr

_____

_____

_____

Vom 12. bis 15. Lebensjahr

_____

_____

_____

Eine Idee mich heute wieder zu entdecken:

_____

_____

_____

_____

_____

Musik ist Balsam für die Seele und kann dich in verschiedene
Stimmungen versetzen. Traurige Lieder lassen dich melancholisch

stimmen und fröhliche können deine Stimmung heben. Das Anhören von deinen Lieblingsliedern aus deiner Kindheit kann schöne Erinnerungen wecken und dir selbst gut tun.

Was hast du als Kind besonders gerne gegessen?

Vom 3. bis 6. Lebensjahr

_____

_____

_____

Vom 6. bis 12. Lebensjahr

_____

_____

_____

Vom 12. bis 15. Lebensjahr

_____

_____

_____

Eine Idee mich heute wieder zu entdecken:

_____

_____

_____

_____

_____

Hier ist die Idee naheliegend, denn das was man als Kind gern gegessen hatte, schmeckt meistens auch als Erwachsener gut. Noch besser ist es, die Gerichte selbst zuzubereiten und vielleicht Gefallen am Kochen zu finden, falls man bisher nicht viel gekocht hat.

Was hast du als Kind besonders gerne getrunken?

Vom 3. bis 6. Lebensjahr

_____

_____

_____

Vom 6. bis 12. Lebensjahr

_____

_____

_____

Vom 12. bis 15. Lebensjahr

_____

_____

_____

Eine Idee mich heute wieder zu entdecken:

_____

_____

_____

_____

_____

Hier gilt das gleiche wie bei deinen Lieblingsgerichten, die Getränke, welche du sehr gern mochtest, kannst du auch heute trinken.

Welche Süßigkeiten hast du als liebstes gemocht?

Vom 3. bis 6. Lebensjahr

_____

_____

_____

Vom 6. bis 12. Lebensjahr

_____

_____

_____

Vom 12. bis 15. Lebensjahr

_____

_____

_____

Eine Idee mich heute wieder zu entdecken:

_____

_____

_____

_____

_____

Zum Abschluss beim Thema „Nahrung" auch hier. Süßigkeiten aus deiner Kindheit in Maßen zu essen, kann eindeutig deine Stimmung heben.

Hast du als Kind gerne Handarbeit (wie stricken, nähen usw.) oder Handwerksarbeiten gemacht?

Vom 6. bis 12. Lebensjahr

_____

_____

_____

Vom 12. bis 15. Lebensjahr

_____

_____

_____

Eine Idee mich heute wieder zu entdecken:

_____

_____

_____

_____

_____

Ich hatte als Kind gerne gestickt und habe meine Mutter immer beim Häkeln und Stricken bewundert. Aus irgendeinem Grund hatte man mir dies nicht beigebracht. Das habe ich später nachgeholt und häkle und stricke heute mit Leidenschaft. Selbst Handwerksarbeiten entdeckte ich für mich und habe mir so meinen eigenen Nachtisch nach meinen Vorstellungen gebaut.

Welcher Urlaub war für dich als Kind am schönsten?

Vom 3. bis 6. Lebensjahr

_____

_____

_____

Vom 6. bis 12. Lebensjahr

_____

_____

_____

Vom 12. bis 15. Lebensjahr

Eine Idee mich heute wieder zu entdecken:

Urlaubsorte aus seiner Kindheit erneut zu besuchen kann eine schöne Reise in die Vergangenheit sein, bei der man nicht nur Kraft tankt, sondern auch vergangene positive Gefühle und Erinnerungen wecken kann.

Mit welchen Verwandten hattest du dich als Kind sehr wohl gefühlt?

Vom 3. bis 6. Lebensjahr

Vom 6. bis 12. Lebensjahr

_____

_____

_____

Vom 12. bis 15. Lebensjahr

_____

_____

_____

Eine Idee mich heute wieder zu entdecken:

_____

_____

_____

_____

_____

Engeren Kontakt zu seinen Verwandten zu halten, aufzunehmen oder wieder aufzufrischen kann wichtig sein, um sich ein Stück Sicherheit oder Geborgenheit zu schenken. Auch Menschen unabhängig von der eigenen Familie aus seiner Kindheit zu besuchen, kann deinem Leben eine positive Richtung geben. Gerade weil diese Menschen, dich von klein auf, ganz genau kennen. Anders als Freunde, die du erst im späteren Leben kennengelernt hast.

Hast du als Kind ein Tagebuch geführt und gerne deine Probleme aufgeschrieben?

Vom 6. bis 12. Lebensjahr

_____
_____
_____
_____
_____

Vom 12. bis 15. Lebensjahr

_____
_____
_____
_____
_____

Eine Idee mich heute wieder zu entdecken:

_____
_____
_____
_____
_____

In diesem Buch hast du die Möglichkeit Tagebuch zu führen. Tagebuch schreiben ist nicht etwas für jeden und ich denke, man sollte sich nie unter Druck setzen und denken, das man regelmäßig schreiben sollte. Ich habe von meinem elften bis 16. Lebensjahr regelmäßig Tagebuch geschrieben. Ab da, bis heute hin und wieder wenn es mir nicht gut ging, ich etwas loswerden wollte oder ein besonders schönes Ereignis festhalten wollte. Es gibt mir auf jeden Fall immer wieder Halt und eine bessere Art der Reflexion eigener Gefühle und Gedanken.

Warst du als Kind in einem Freizeitpark und hat es dir dort gefallen?

Vom 3. bis 6. Lebensjahr

_____

_____

_____

_____

_____

Vom 6. bis 12. Lebensjahr

_____

_____

_____

_____

_____

Vom 12. bis 15. Lebensjahr

Eine Idee mich heute wieder zu entdecken:

Einen Freizeitpark zu besuchen alleine, mit seinen Kindern oder seinen Freunden, kann ein schönes Erlebnis für sich selbst sein. Andere Ideen wären zum Beispiel ein Musical erneut zu sehen oder eine Tiershow.

Bist du als Kind gerne Fahrrad gefahren und/oder warst du gerne Wandern?

Vom 3. bis 6. Lebensjahr

_____

_____

Vom 6. bis 12. Lebensjahr

_____

_____

_____

_____

_____

Vom 12. bis 15. Lebensjahr

_____

_____

_____

_____

_____

Eine Idee mich heute wieder zu entdecken:

_____

_____

_____

_____

_____

Wandern und Fahrrad fahren sind beides schöne Hobbys. Hat dir das
als Kind Freude bereitet, hindert dich auch heute nichts daran beides

wieder aufzunehmen. Anstatt einer Pauschalreise lohnt es sich auf jeden Fall einen Wander- oder Fahrradurlaub auszuprobieren.

Hast du als Kind gerne gebacken oder gekocht?

Vom 3. bis 6. Lebensjahr

Vom 6. bis 12. Lebensjahr

Vom 12. bis 15. Lebensjahr

Eine Idee mich heute wieder zu entdecken:

_____

_____

_____

_____

_____

Beim Backen und Kochen kann man sich austoben, indem man seine Lieblingsgerichte aus der Kindheit nachkocht oder Kuchen und Plätzchen bäckt. Genauso wie alle anderen Genussmittel aus deiner Kindheit, kann auch dies positive Erinnerungen in dir wecken und dich seelisch stärken.

Notizen

Notizen

_____

_____

_____

_____

_____

_____

_____

_____

_____

_____

_____

_____

_____

_____

_____

_____

Notizen

Notizen

Notizen

Notizen

_____

_____

_____

_____

_____

_____

_____

_____

_____

_____

_____

_____

_____

_____

_____

_____

Tagebuch